de MAR A MAR

CALIFORNIA

de Dennis Brindell Fradin

Versión en español de
Aída E. Marcuse

ASESORES:

Consejera: Dra. Isabel Schon, Directora,
Centro para el Estudio de Libros Infantiles y Juveniles en Español
California State University San Marcos

Teena Stern, Archivista II, Archivos del Estado de California, Sacramento

Dr. Robert L. Hillerich, Profesor Emérito de la Universidad Estatal de
Bowling Green, Ohio; Asesor de las Escuelas Públicas del Condado Pinellas, Florida.

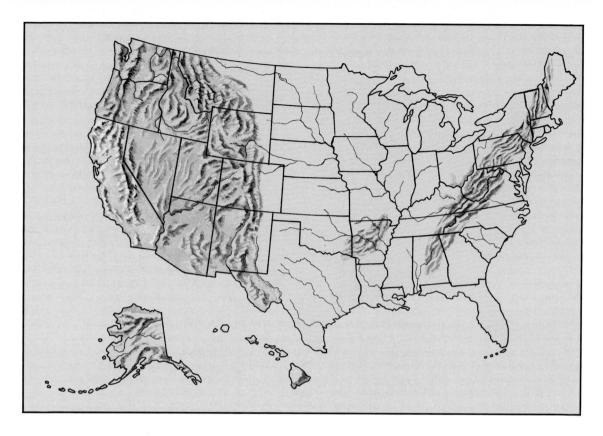

California es uno de los estados de la región llamada Costa del Pacífico. Los otros estados de esa región son Oregón y Wáshington.

Para los Klingelhoffers – Bill, Jill, Sarah, Louis y Jacob

Editora del proyecto: Joan Downing
Directora de diseño: Karen Kohn
Asistente de Documentación: Judith Bloom Fradin
Tipografía: Graphic Connections, Inc.
Fotograbado: Liberty Photoengraving

Catalogado en la Biblioteca del Congreso bajo:

Fradin, Dennis B.
  California / de Dennis Brindell Fradin
   p. cm. — (De mar a mar)
  Incluye índices.
  Resumen: Una introducción al "Estado Dorado", nuestro estado más poblado y el mayor en agricultura e industrias.
  ISBN 0-516-33805-6
  1. California–Literatura juvenil [1. California.]
I. Título. II. Series: Fradin, Dennis B. De mar a mar.
F861.3.F718 1992   92-12944
976.8-dc20   CIP
                                   AC

Índice

Niñas en trajes típicos participan en el festival japonés de la floración de los cerezos.

Introducción al estado dorado

California es un estado del suroeste del país. Alrededor de 1510, un autor español llamó California a una isla mítica, llena de tesoros. Luego los exploradores españoles que llegaron a Norte América, todavía en el siglo diez y seis, le dieron a la región el nombre sacado del libro.

La California real también poseía abundantes tesoros. En 1848 se descubrió oro al noreste de Sacramento y empezó la famosa fiebre del oro. Hoy California es apodada el "estado dorado". En 1892 se descubrió otro tesoro, petróleo, en Los Ángeles.

California es hoy el más poblado de los cincuenta estados. Es el mayor en agricultura e industrias y además en él hay cuatro de las catorce ciudades más grandes del país: Los Ángeles, San Diego, San José y San Francisco.

California es especial en otros aspectos. ¿Dónde está el puente Golden Gate? ¿Dónde viven los árboles más altos y viejos del mundo? ¿Dónde está el telescopio más grande del país? ¿Dónde está Disneylandia? La respuesta a todas esas preguntas es: ¡en California!

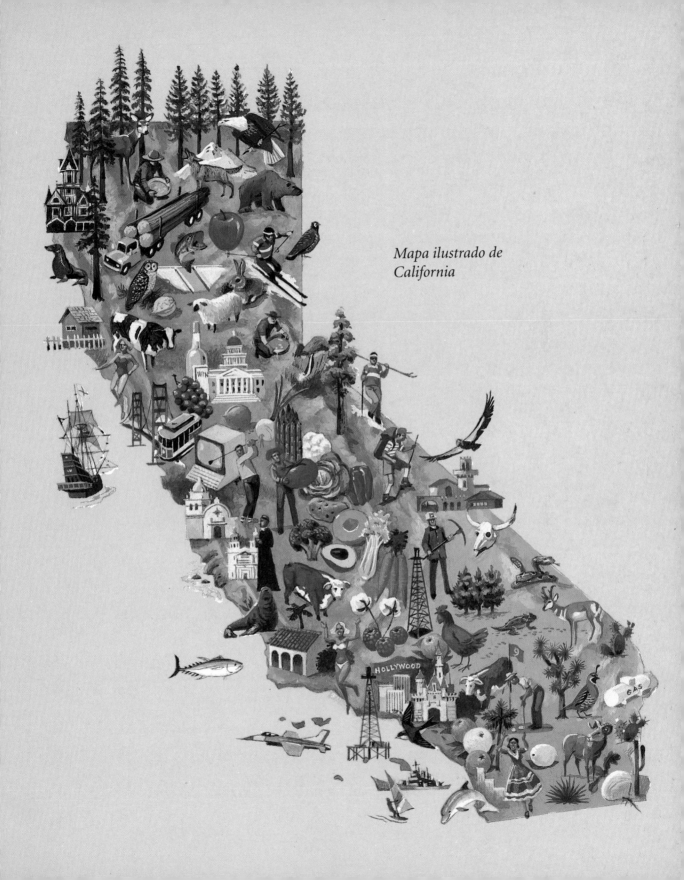

Mapa ilustrado de
California

Montañas, desiertos y
árboles secoya

Montañas, desiertos y árboles
secoya

California, Oregón y Wáshington constituyen los llamados Estados de la Costa del Pacífico, el océano que baña la parte occidental de California. Oregón es su vecino al norte. Nevada y Arizona están al este y otro país, México, queda al sur.

El "Estado Dorado" es enorme: sólo Alaska y Texas son más grandes. Rhode Island, el estado más pequeño del país, ¡cabe 130 veces en California!

Death Valley, derecha, es el punto más bajo de Norte y Sur América.

8

Geografía

California tiene islas, montañas, valles y desiertos. Entre sus islas están Santa Catalina y las Channel (Canal). Hay cadenas montañosas tierra adentro y también paralelas al océano. Los picos más altos son el Monte Whitney y Monte Shasta. Monte Whitney, en la Sierra Nevada, de 14.494 pies (4.831 metros), es el más alto del país fuera de Alaska. Entre la costa de California y sus montañas tierra adentro está Great Valley (Gran Valle), de 430 millas (692 kms.) de largo.

El Estado Dorado también tiene desiertos. El Mojave está al sur de California. Death Valley (Valle de la Muerte), otro desierto, forma el límite con Nevada. Parte del mismo está a 282 pies (94 metros) bajo el nivel del mar. Es el punto más bajo que hay en Norte y Sur América.

Granjas cobijadas en uno de los numerosos valles entre las montañas de California.

El Desierto Mojave, cerca de Barstow.

Entre los árboles más antiguos del mundo están los pinos de piñas con púas, como éste.

Focas asoleándose en las rocas, cerca de Monterey.

PLANTAS Y ANIMALES

El cuarenta por ciento del terreno de California es boscoso. En sus bosques viven los árboles más antiguos del mundo: los pinos de piñas con púas. También están allí los más altos del mundo; los secoya rojos, y los más grandes de todos: los secoya gigantes. En sus desiertos hay yucas y cactos. Entre los últimos está el saguaro, que alcanza hasta 60 pies (20 metros) de altura.

En California hay muchas clases de animales. Hay ballenas y focas cerca de las costas; ciervos, osos, alces, zorros, gatos monteses, leones de montaña y coyotes habitan tierra adentro.

En los desiertos hay lagartos y serpientes de cascabel. La codorniz de California es el ave emblema del estado. Las águilas, halcones, patos y ocas cruzan su cielo. San Juan Capistrano es famoso por sus golondrinas, que siempre vuelven, año tras año, el 19 de marzo.

CLIMA

California tiene clima cálido. En invierno las temperaturas bajan a 60°F (14,5°C) en casi todo el estado; pero en las montañas hace mucho frío. La temperatura más baja registrada fue de 45°F (12°C) bajo

cero. Esto ocurrió el 20 de enero de 1937 en la Sierra Nevada, en Boca.

En algunas áreas montañosas caen cientos de pulgadas de nieve cada año. En cuanto a nevadas mensuales, California posee el registro más alto de Norte América: en enero de 1911 cayeron 32,5 pies (6,75 metros) de nieve en Tamarack; tanta como para tapar un edificio de tres pisos.

En verano, el océano refresca las costas. Las temperaturas costeñas llegan hasta 70°F (19,5°C). El 10 de julio de 1913, la temperatura alcanzó los 134°F (51,5°C) en Death Valley. Ésta aún es la temperatura máxima registrada jamás en toda Norte América.

Una nevada invernal blanquea los árboles cerca de El Capitán, un pico escarpado del Parque Nacional Yosemite.

La temperatura más elevada que se registrara en el mundo fue de 136°F (52,5°C), en Libia, en 1922.

11

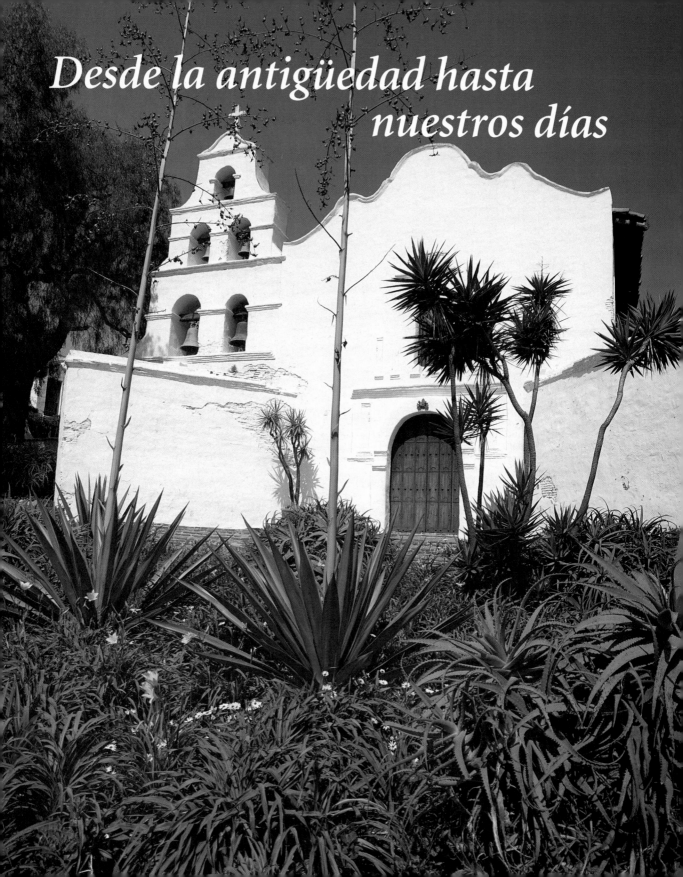

Desde la antigüedad hasta nuestros días

Desde la antiguedad hasta nuestros días

Hace millones de años, casi toda California yacía bajo el océano. Había fuertes terremotos, los volcanes arrojaban lava y se elevaron las montañas. En la Era Glacial, parte de California quedó bajo los glaciares de hielo.

El smilodon, o tigre de colmillos de sable, vivió en California hace muchísimo tiempo. Tenía colmillos de ocho pulgadas (20 cms.) de largo, que usaba a manera de espadas. Los mamuts y mastodontes, parientes de los elefantes, vagaban a su antojo.

En California también había dinosaurios. En 1936, un estudiante de segunda enseñanza encontró fósiles de dinosaurio cerca de Modesto; fue la primera vez que se encontraron en la costa oeste del país.

Los primeros californianos

Los primeros pobladores de California llegaron allí hace 12.000 años. De ellos quedan pinturas en cuevas y acantilados. Muchos grupos de indígenas vivieron en California más recientemente, como los Hupa, Maidu, Miwok, Modoc y Mojave; los Paiute, Shasta y Yuma.

Estos petroglifos fueron hechos por los primeros pobladores de California. Están en el Lava Beds National Monument (Monumento de los Cauces de Lava)

Los primeros californianos usaban tocados de plumas como éstos.

Muchos de los indígenas vivían en chozas de madera y cortezas. Los grupos de los bosques cazaban ciervos. Los costeños construían canoas de secoyas y pescaban. Los que habitaban el desierto comían frutos del cacto saguaro y yuca. Hacían jabón con las raíces, y con las hojas de yuca tejían cuerdas, sandalias y primorosas canastas. Cada grupo les hacía un diseño especial.

LOS EXPLORADORES

Cabrillo había nacido en España, pero estaba al servicio de Portugal.

En 1519, los españoles llegaron a México y más tarde exploraron los territorios del norte. En 1542, Juan Rodríguez Cabrillo vino desde México y, en septiembre, entró en la bahía de San Diego. Fue el primer europeo en llegar a las costas de California.

14

Pero España no se asentó en el territorio de inmediato.

En 1579 llegó Sir Francis Drake, de Inglaterra, con su barco, el Golden Hind (el Mero Dorado), a lo que hoy es San Francisco y reclamó California para la corona inglesa, pero Inglaterra tampoco hizo nada al respecto.

ESPAÑA GOBIERNA A CALIFORNIA

Otros exploradores españoles llegaron en 1600 y 1700. En 1769, Gaspar de Portolá vino de México con sus hombres. El sacerdote español Junípero Serra, uno de ellos, fundó una misión en San Diego. Los soldados de Portolá construyeron también un presidio (fuerte). San Diego fue el primer asentamiento europeo en California.

Pronto llegaron más soldados y sacerdotes.En 1782, California tenía tres presidios más: en Monterey, San Francisco y Santa Bárbara. Familias de México vinieron a instalarse en California, pero hasta 1820 sólo vivían allí 3.700 españoles. En 1823 había 21 misiones en las costas.

A ellas fueron llevados, contra su voluntad, miles de indígenas. En las misiones les inculcaron el cristianismo y los hicieron cultivar las plantaciones. También tenían que cuidar el ganado y cosechar.

El Padre Serra, además de esa primera misión en San Diego, fundó ocho misiones más en California.

La iglesia rusa en el Parque Histórico Nacional de Fort Ross.

Muchos indígenas enfermaron y murieron. Otros inmigrantes llegaron a California: en 1812, los rusos levantaron Rossiya al norte de San Francisco, más tarde llamado Fort Ross. Los rusos cazaban lobos de mar a lo largo de la costa. El río Russian fue bautizado por ellos.

CALIFORNIA BAJO EL GOBIERNO DE MÉXICO

México se independizó de España en 1821, y se quedó con California. Los indígenas siguieron viviendo en las misiones. Las tierras misioneras fueron dadas a los mexicanos; éstos las convirtieron en haciendas y plantaciones y muchos se hicieron ricos.

En la década de 1820 llegaron a California exploradores y cazadores de pieles estadounidenses. Los primeros colonos de Nueva Inglaterra se instalaron en 1841 y pronto llegaron más. La mayoría se dedicó a la agricultura y la ganadería, pero algunos establecieron negocios.

LOS ESTADOUNIDENSES TOMAN EL PODER

Muchos de esos estadounidenses deseaban incorporar California a los Estados Unidos. En 1846, estalló la guerra entre los Estados Unidos y México; hoy conocida como Guerra contra México (1846-1848), para decidir quién se quedaría con California, Texas, y resolver otros conflictos entre los dos países.

El 14 de junio de 1846, los rebeldes estadounidenses tomaron Sonoma, cerca de San Francisco; proclamaron a California independiente de México y la nombraron República de California. Crearon una bandera con una estrella, un oso gris y las palabras: California Republic; que hasta hoy es la bandera del estado.

Las tropas al mando de John Charles Fremont, Stephen Watts Kearny y Robert Stockton tomaron pueblo tras pueblo. En 1848, los estadounidenses ganaron la guerra y California se volvió parte de los Estados Unidos, pero aún no era un estado.

LA FIEBRE DEL ORO

El 24 de enero de 1848 James Marshall estaba construyendo un aserradero para John Sutter en el American River cuando, de pronto, vio brillar algo... ¡oro!

La noticia corrió como reguero de pólvora y pronto miles de personas se dirigieron a California en barcos y carretas. La mayoría llegó allí en 1849, y por ello a esos mineros se los llama "cuarenta-nueveros".

En 1846 los estadounidenses izaron la Bandera del Oso y California se independizó de México.

En 1848 se descubrió oro en el aserradero de Sutter (abajo).

Los mineros levantaron campamentos, construyeron pueblos y algunos se hicieron ricos. Pero la mayoría apenas pudo costear sus gastos. Los alimentos eran muy caros: ¡dos huevos costaban hasta seis dólares!

En vez de trabajar en minería, mucha gente emprendió negocios. Levi Strauss decidió hacer fuertes pantalones de trabajo, que los mineros bautizaron "Levis". Hasta hoy, millones de personas los usan.

La fiebre del oro cambió a California para siempre. Cuando Marshall descubrió oro, sólo los americanos nativos y otras 15.000 personas vivían allí. San Francisco tenía unos pocos cientos de habitantes. Sacramento no existía. En 1849 llegaron a California unas 90.000 personas, y se fundó Sacramento; cerca de donde se descubriera oro. San Francisco se volvió un gran centro de abastecimientos para mineros.

El 9 de septiembre de 1850, California se convirtió en el trigésimo primer estado del país. Sacramento ha sido su capital desde 1854.

El joven estado

La fiebre del oro terminó hacia 1855, pero a California siguió llegando gente. Entre 1850 y 1860 el estado recibió más de 280.000 personas, incluyendo chinos, irlandeses, alemanes, italianos y gente de muchos países más.

Todos los californianos se quejaban de lo mismo: estaban aislados del resto del país y las cartas, transportadas en diligencias, tardaban semanas en llegar. Las noticias del estado de California tardaban dos meses en llegar a San Francisco.

En 1860 las cosas mejoraron al inaugurarse el "Pony Express". Equipos de jinetes que se relevaban llevaban el correo entre Missouri y California y lo entregaban en unos pocos días. En 1861 llegó el telégrafo a California, y por fin los californianos pudieron comunicarse con la costa este rápidamente. En 1869, también el ferrocarril unió ambas costas.

Entre 1860 y 1861, los jinetes del "Pony Express" llevaban el correo entre Missouri y California.

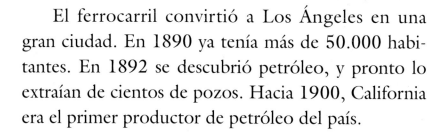

Para acortar, Los Ángeles también es llamada L.A.

Obreros ayudan a despejar escombros después del terremoto e incendio de San Francisco, ocurrido en 1906.

El ferrocarril convirtió a Los Ángeles en una gran ciudad. En 1890 ya tenía más de 50.000 habitantes. En 1892 se descubrió petróleo, y pronto lo extraían de cientos de pozos. Hacia 1900, California era el primer productor de petróleo del país.

TERREMOTOS, ACUEDUCTOS Y PELÍCULAS DE CINE

En California a menudo hay terremotos. A veces ocurre uno muy grande, como el del 18 de abril de 1906. Esa mañana, a las 5 y 12, los edificios empezaron a desmoronarse. El terremoto duró poco más de un minuto, pero provocó furiosos incendios durante tres días. Unas 700 personas murieron en el Gran Terremoto e Incendio de San Francisco y casi 300.000 quedaron sin hogar.

San Francisco se reconstruyó pensando en ese peligro. También otras ciudades dictaron leyes estableciendo rigurosos códigos de construcción. En octubre de 1989, el terremoto que zarandeó la bahía de San Francisco mató a sesenta y siete personas. Gracias a las ordenanzas de seguridad establecidas en el código de construcción, no hubieron más muertos.

En el siglo 20 Los Ángeles tuvo que enfrentar otro problema más: la escasez de agua. Para procurársela, en 1913 se construyó el Acueducto de Los Ángeles. Este

canal de 233 millas de largo lleva el agua de ríos de la Sierra Nevada a Los Ángeles. Se construyeron muchos canales más, y el agua que acarrean ha permitido que el sur de California se convierta en una gran región agrícola.

A principios del siglo 20 se estableció en Los Ángeles una nueva industria: la del cine. Hollywood, una sección de Los Ángeles, fue pronto el mayor centro cinematográfico del mundo, y las películas que produce han deleitado a billones de personas.

Así lucía San Francisco después del terremoto e incendio de 1906.

A las compañías de cine les gustaba mucho el clima cálido de California y sus paisajes variados.

21

GUERRAS MUNDIALES, GRAN DEPRESIÓN Y CRECIMIENTO

Los aviones utilizados en la Segunda Guerra Mundial fueron construídos en la planta de la Douglas Aircraft, en Santa Mónica.

Los estadounidenses pasaron muy malos momentos durante el siglo 20. En 1917, el país entró en la Primera Guerra Mundial (1914-1918) y 20.000 californianos lucharon en ella.

En 1929, la Gran Depresión afectó al país. Los bancos y fábricas cerraban y los agricultores perdían sus tierras, pero en California se agregó otro problema: entre 1934 y 1940, el estado ganó 365.000 nuevos

habitantes, venidos de otras partes tras una vida mejor. Muchos no consiguieron trabajo y vivían en chozas, automóviles, tiendas de campaña o donde pudieran.

El 7 de diciembre de 1941, durante la Segunda Guerra Mundial (1939-1945); los japoneses bombardearon Pearl Harbor, y los Estados Unidos les declararon la guerra. 750.000 californianos sirvieron en ella.

En California vivían muchos estadounidenses de origen japonés y, temiendo que apoyaran al Japón, el gobierno internó a unos 110.000 de ellos en campos de concentración, sin razones y pese a que muchos lucharon por los Estados Unidos. La mayoría eran californianos, pero los había de Wáshington y Oregón.

En San Francisco, en abril de 1945, delegados de cincuenta países organizaron a las Naciones Unidas (United Nations, o U.N.), el organismo internacional que promueve la paz mundial.

Después de la Segunda Guerra Mundial, aumentó el interés por la conquista del espacio y los Estados Unidos construyeron en 1947 el telescopio más grande del mundo: el Observatorio Palomar, cerca de San Diego. Los astrónomos lo usan para investigar los misterios del universo. En Pasadena está el Laboratorio de Propulsión a Chorro, que en 1958 se integró al programa espacial de los Estados Unidos. El labora-

Los pobladores de origen japonés de California fueron internados en campos de concentración durante la Segunda Guerra Mundial.

23

torio controló al *Surveyor I*, que descendió en la luna en 1966.

California es el estado más poblado del país desde 1963. Y sigue creciendo: el censo de 1990 registró 29.760.021 californianos. Pero este crecimiento le acarrea muchos problemas.

PROBLEMAS ACTUALES

La pobreza es uno de ellos. Una cuarta parte de los niños californianos es pobre porque sus padres no trabajan. En 1992, el estado tenía una de las tasas de desempleo más altas del país.

California acoge miles de obreros rurales migratorios, la mayoría mexicanos, que cosechan en las plantaciones. Tienen trabajo, pero ganan poco.

Otro problema es la contaminación ambiental. Las ciudades californianas están siempre bajo una capa de humo, producida por los escapes de automóviles y las chimeneas de las fábricas. Los derrames de petróleo y otros desechos arrojados al mar, causaron desastres en las costas. Otros productos químicos se infiltraron en el suelo y contaminanon el agua potable de varios lugares.

La contaminación y el aumento de la población hicieron desaparecer muchas especies de animales.

El oso gris de California se extinguió en 1922 y queda sólo en la bandera del estado. También corren peligro la tortuga del desierto y la lechuza manchada.

California padece escasez crónica de agua, aún cuando llueve. En los años 1980, una gran sequía duró hasta entrada la década de 1990. Las cisternas se secaron y el agua se racionó. En 1991, los horrorizados estadounidenses vieron por televisión un video mostrando a cuatro policías blancos golpeando a un motociclista negro en Los Ángeles. Llevados a juicio, el veredicto fue que los policías no habían usado fuerza excesiva. Ese veredicto de 1992 provocó levantamientos en el Centro-Sur de Los Ángeles, murieron más de cuarenta personas y estallaron cuatro mil incendios.

Los californianos están intentando resolver sus problemas, y esperan lograrlo en el año 2.000, cuando California festejará ciento cincuenta años de haberse convertido en un estado.

Izquierda: Trabajadores limpiando la playa Huntington después del derrame de petróleo de 1990. Derecha: Un obrero migratorio lleva una carretilla con las uvas que cosechó.

En qué trabajan los californianos

En qué trabajan los californianos

S us 29.760.021 habitantes hacen de California el estado más poblado del país. Es el que tiene más habitantes blancos, hispanoamericanos y asiáticos y el segundo en pobladores negros e indígenas. En California, además, la población crece más rápidamente: unas 2.000 personas por día.

Cuatro de las catorce mayores ciudades de los Estados Unidos están en California. Los Ángeles es la segunda ; sólo la sobrepasa Nueva York. San Diego es la sexta, San José la onceava y San Francisco la catorceava.

En California vive más gente de origen hispanoamericano y asiático que en ningún otro estado del país.

En qué trabajan los californianos

California es el primer estado del país en agricultura y manufacturas, y también ocupa un lugar predominante en minería y pesquería.

¡Si fuese un país, California estaría entre los ocho más ricos del mundo!

Alrededor de 2.200.000 californianos se dedican a crear productos. California es el primer productor de aviones del país, y además construye automóviles, naves espaciales, barcos, motocicletas y

Obreros de la compañía telefónica.

Una mujer guardabosque

bicicletas. Es el mayor productor de computadoras, alimentos e instrumentos médicos y uno de los primeros fabricantes de instrumentos musicales y materiales de arte. Joyas, juguetes, artículos deportivos, ropa, libros, pinturas y platería son otros productos importantes. California está entre los primeros en la refinación del petróleo.

Casi 3 millones de californianos trabajan vendiendo estos productos, y 3.300.000 proveen otros servicios, incluyendo en las industrias del turismo, pues California es uno de los lugares de vacaciones favoritos.

El gobierno de California emplea unas 2.000.000 de personas; más que ningún otro estado, quienes ejercen tareas tan diversas como las de maestros y soldados. En California hay importantes bases militares, como la Base Naval de San Diego y Campo Pendleton, de la Infantería de Marina.

Cuatrocientos mil californianos trabajan en ganadería y agricultura: el estado es un gran productor de leche y huevos, ganado vacuno, ovejas y pavos. La mitad de las frutas y verduras del país provienen de California, y también uvas, fresas, lechugas y tomates. Algodón, naranjas, nueces y bróccolis son cultivos importantes.

Cincuenta mil californianos trabajan en minería. California es el tercero en la producción de petróleo, su principal producto minero y es segundo en la extracción de oro: sólo Nevada produce más. California es el principal productor de gas natural, arena, gravilla y tungsteno. Sólo en California hay borón.

Muchos californianos se ganan la vida pescando. California es el primer estado atunero, y también abundan el salmón, el pez espada y el arenque. Entre los mariscos de California están los langostinos y cangrejos.

El tungsteno se usa en instrumentos de alta velocidad, lámparas eléctricas y aparatos de televisión. El borón, en jabones y productos medicinales.

Los californianos trabajan en campos tan distintos como el de la electrónica (izquierda) y el cultivo de flores (derecha).

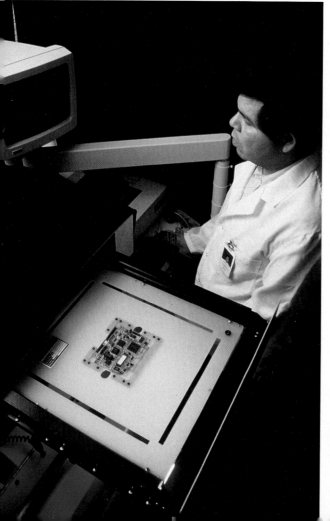

Un viaje por el Estado Dorado

Un viaje por el estado dorado

California ofrece muchas atracciones a sus visitantes. Sus costas atraen a los amantes de los deportes marinos. Los bosques de secoyas y el Parque Nacional Yosemite, a los entusiastas de la naturaleza. Las montañas, a los esquiadores. Sus ciudades son apasionantes, y Disneylandia les encanta a las familias.

Cada año, cuarenta millones de personas visitan California; más gente de la que vive en el estado.

La costa sur

San Diego, al suroeste del estado, es un buen lugar para empezar un viaje costa arriba. Es llamada "el lugar donde nació California", y una cruz marca dónde los españoles se establecieron en 1769. Cerca de allí está el Museo Junípero Serra; los visitantes pueden ver cómo era San Diego en sus principios.

San Diego tiene un clima estupendo, y es una de las ciudades de crecimiento más rápido del país. En California sólo Los Ángeles la supera en tamaño. Un quinto de sus habitantes es de origen hispánico, sobretodo, mexicano, y la comida, música y festivales mexicanos son muy populares. San Diego está justo al norte de México y muchas personas viajan a Tijuana desde allí.

Edificaciones y castillos en la playa de San Diego.

Con sus 800 clases de animales, el zoológico de San Diego es una gran atracción. En el Parque Marino de San Diego hay delfines y otros animales marinos. Los aficionados al deporte asisten a campeonatos entre equipos profesionales, como el "Padres", de béisbol, o el "Cargadores", de fútbol.

En el Observatorio Palomar, al noreste de la ciudad, está el telescopio Hale, el más grande del país: su espejo mide 200 pulgadas de diámetro.

Los Ángeles, la ciudad más grande de California, está al norte de San Diego. Fundada en 1781 por los españoles, hoy tiene 3.500.000 de habitantes. ¡Casi la mitad de los cincuenta estados del país tiene menos habitantes que ella! Los Ángeles asimismo ocupa un área enorme. Tiene 464 millas cuadradas (746,57

Visitantes acariciando los animales en el Parque Marino de San Diego

Observatorio Palomar

kms.) de superficie; como la mitad de Rhode Island.

Sus habitantes son llamados "angelinos". Muchos provienen de lugares del mundo entero.

En Los Ángeles se hacen muchas películas de cine y televisión.

Sus equipos deportivos profesionales son: Los "Dodgers", de béisbol y los "Carneros" y los "Corsarios", de fútbol. Los "Reyes" juegan hockey. Los equipos de básquetbol de Los Ángeles son los "Lakers" y los "Clippers".

Izquierda: Un animador trabajando en un estudio de Hollywood, en Los Ángeles. Derecha: El castillo de Disneylandia, en Anaheim.

Los pozos de brea también están en Los Ángeles. Hace muchísimo tiempo, los animales venían a beber agua en ellos. Muchos quedaron aprisionados en la brea y murieron. En los pozos se han encontrado esqueletos de tigres de colmillos de sable, camellos y mamuts, que pueden verse en el Museo Page de Descubrimientos de La Brea, cercano a los pozos.

Justo al sureste de Los Ángeles, en Anaheim, está Disneylandia, el parque de diversiones que abriera Walt Disney en 1955, visitado por diez millones de personas anualmente. Los aficionados al deporte también van a Anaheim, a ver jugar fútbol a los "Carneros" de Los Ángeles y béisbol a los "Ángeles "de California.

Justo al norte de Los Ángeles está Pasadena. Allí, en el Estadio de las Rosas (Rose Bowl), se juega un famoso partido intercolegial en año nuevo, precedido por un desfile; la Parada de las Rosas.

Santa Bárbara también está al norte de Los Ángeles. Como pueblo de una misión fundada en 1786, la ciudad todavía tiene muchos edificios de estilo español, de estuco blanco y techos de tejas rojas. Desde las islas Channel (Canal), mar afuera de Santa Bárbara, se pueden avistar ballenas, focas y delfines.

Mucha gente desearía vivir en un castillo. El magnate editor de periódicos William Randolph Hearst realizó ese sueño. Construyó su casa, Hearst

Objetos en exhibición en los pozos de brea de La Brea.

La misión de Santa Bárbara

Castle, en San Simeón; al norte de Santa Bárbara. Allí los visitantes admiran las obras de arte de Hearst.

Big Sur está al norte de San Simeón. Es un trecho de costa rugosa, de unas cien millas de largo, que posee algunos de los panoramas de acantilados y playas más hermosos del país. Big Sur llega hasta Carmel, un pueblecito donde vivieron muchos escritores y artistas. El padre Junípero Serra murió en la misión que fundara en Carmel, y está enterrado allí.

Big Sur (Gran Sur)

LA REGIÓN DE LA BAHÍA DE SAN FRANCISCO

Al norte de Carmel está la bahía de San Francisco, rodeada por tres grandes ciudades: San José, San Francisco y Oakland.

San José queda al sur de la bahía. Fundada en 1777, fue el primer pueblo de California, un centro agrícola-ganadero importante. Pero ahora allí se fabrican computadoras, naves espaciales y misiles. Estas industrias atrajeron más gente a la ciudad, convirtiéndola en la tercera ciudad del estado.

Una de las atracciones mayores que posee es el Museo Egipcio de los Rosacruces; donde se exhiben momias y objetos del antiguo Egipto. Los aficionados al hockey concurren a partidos de los "Tiburones".

San Francisco es una de las ciudades más lindas del mundo. Fundada por los españoles en 1776, también está en la bahía. En tamaño, es la cuarta ciudad de California.

En 1873, Andrew Hallidie inventó los tranvías para subir y bajar las empinadas colinas de la ciudad. Además, viajar en tranvía es divertido. El puente Golden Gate, a la entrada de la bahía facilita la circulación y agrega belleza a la ciudad.

Un tercio de los habitantes de San Francisco es de origen asiático, es decir: chinos, japoneses, vietnamitas y otros. En el barrio Chinatown de San Francisco, uno de los mayores del país, viven cerca de 30.000 personas

Izquierda: Uno de los famosos tranvías de San Francisco.
Derecha: el puente San Francisco-Oakland y una vista nocturna de San Francisco.

37

de origen chino. En el Parque Golden Gate están el Museo de Arte Asiático y el Jardín de Té Japonés.

Otro lugar interesante es el Fisherman's Wharf (Muelle de Pescadores); un mercado de pescados y mariscos donde también puede comprarse el delicioso pan de masa fermentada.

Los habitantes de San Francisco son aficionados a dos equipos profesionales: los "Gigantes", de béisbol, y los "49", de fútbol. Ambos juegan en el célebre Candlestick Park.

Oakland, al cruzar la bahía, está unida a San Francisco por el puente San Francisco - Oakland. Fundada en 1850, hoy es la sexta ciudad más grande de California. Recientemente, Oakland tuvo que

En el Fisherman's Wharf de San Francisco, los paseantes se tientan con los mariscos y pescados frescos.

reponerse de dos desastres: el terremoto de 1989; que ocasionó 6 billones de dólares de pérdidas, y el gran incendio de 1991; que mató a 25 personas y destruyó 3.500 viviendas.

El Museo de Oakland es un gran sitio para informarse sobre California. A los niños les encanta su bosque de secoyas y la exposición dedicada a la fiebre del oro también atrae muchos visitantes.

En Oakland hay dos equipos deportivos profesionales: los "Atléticos" (o A's), de béisbol, y el de básquetbol "Golden State Warriors" (Soldados del Estado Dorado).

Al norte de Oakland están los valles de Sonoma y Napa. Sus viñedos producen uvas para hacer vino.

El equipo de Oakland "Atléticos"

LA COSTA NORTE:

Al norte de la bahía de San Francisco, en la costa de California no hay grandes ciudades. Pero allí se ven algunos de los panoramas de mayor belleza, como la Costa Marina de Point Reyes, cuyas playas y acantilados rocosos son muy visitados.

La carretera Redwood Highway, a lo largo de la costa norte de California, atraviesa Eureka, al noroeste del estado. Eureka siempre fue un gran centro maderero. Allí está la Mansión Carson, construída

La Costa Marina de Point Reyes (Punto Reyes)

La Mansión William Carson, en Eureka

El Monte Shasta se eleva a 14.162 pies (4.643 metros) de altura

por el leñador William Carson en 1886. Tiene diez y ocho habitaciones, y la mayor parte de la casa está hecha con madera de secoyas.

La carretera Redwood Highway pasa por bosques de secoyas, como el Parque Nacional Redwood, al noroeste de California. Muchos de esos árboles miden más de 200 pies (60 metros) de altura. Uno de ellos, de 368 pies (110,40 metros), es el más alto del mundo.

El interior del norte del estado

El interior del norte del estado, famoso por sus bosques y montañas, es preferido por los excursionistas: en la Selva Nacional Shasta-Trinidad hay 3.000 millas (4.827 kilómetros) de senderos. Allí está Monte Shasta, donde antiguamente los volcanes arrojaban lava y hoy sólo los esquiadores bajan por sus laderas.

Al noroeste de California está el Lava Beds National Monument (Monumento Nac. de los Cauces de Lava). Hace millones de años, ríos de lava salían de un volcán de la zona, y se formaron los cauces y cavernas volcánicas que hoy se ven.

Al sur de los cauces de lava, en el Parque Nacional de Volcanes Lassen , está el pico Lassen, el volcán de California que estuvo en actividad más recientemente: su última erupción fue en 1921.

Sacramento, al sur del volcán Lassen, es la mayor ciudad del interior del norte californiano. En 1848, John Sutter encontró oro en un aserradero cercano. Su hijo, John Sutter Jr., fundó la ciudad.

Sacramento es la capital de California desde 1854 y los legisladores se reúnen en su capitolio, cuya cúpula contiene un poco del oro californiano.

En Sacramento también merecen visitarse el Fuerte Sutter, donde se exhiben objetos de la época de John Sutter, el Museo del Ferrocarril del Estado de California, el más grande del país dedicado a los ferrocarriles, y el Museo Estatal Indígena, dedicado a los americanos nativos de California, donde se exhiben

Izquierda: los árboles secoya de California. Derecha: El capitolio del estado, en Sacramento

41

Lake Tahoe (Lago Tajo)

canastas, canoas y armas. Los aficionados al deporte van a partidos del "Reyes", el equipo profesional de baloncesto de Sacramento.

Al este de Sacramento está Lake Tahoe (Lago Tajo), en el rincón donde limitan California y Nevada. Es un lugar de vacaciones muy popular. En algunos sitios, el lago tiene una profundidad de 1.685 pies (552 mts.): es uno de los lagos más profundos.

EL INTERIOR CENTRAL

A 75 millas (120 kilómetros) al sur del Lago Tahoe está el Parque Nacional Yosemite, famoso por sus montañas, lagos y cataratas. Esas cataratas son las más altas del país, se precipitan desde una altura de casi media milla (800 metros). Ribbon Falls, la segunda en altitud, también está en Yosemite.

Un gran espectáculo anual es la Competencia de Salto de Rana del Condado Calaveras

Al este de Yosemite están las White Mountains (Montañas Blancas), donde está el Methuselah, un pino de piñas con púas, de 4.600 años de edad.

En Angels Camp (Campo Angeles), al oeste de Yosemite, se celebra anualmente un acontecimiento especial: la Competencia de Salto de Rana del condado Calaveras. Esta competencia se originó en un cuento de Mark Twain; "La célebre competencia de salto de rana del condado Calaveras".

Al sur de Angels Camp está Fresno; casi al centro de California. Fue la ciudad estadounidense de crecimiento más rápido en la década de 1980.

Fresno está en el valle San Joaquín, una gran región agrícola-ganadera. En el condado hay 8.000 haciendas y plantaciones; más que en ningún otro.

El condado Fresno es el primero en cultivo de uvas, algodón y tomates; productos agrícolas allí empacados y distribuídos. Kings Canyon (Cañón de los Reyes) y los parques de los secoyas, al este son administrados como uno solo. Monte Whitney, un pico de nieves eternas, está allí. Un sendero lleva hasta su

Las uvas de la región de Fresno producen la mayor parte de las pasas de uvas del país.

Parte superior de la catarata Yosemite.

El secoya llamado General Sherman es el árbol más grande del mundo.

cumbre. En esos parques viven los secoyas, los árboles más grandes del mundo. El "General Sherman", de 275 pies (82,50 metros) de altura, es el árbol más grande que existe. Su tronco mide 103 pies (30,90 metros) de circunferencia y pesa tres millones de libras (138.000 kilos). ¡Más que trescientos elefantes!

Al este está Death Valley (Valle de la Muerte), en el límite con Nevada; un desierto donde sólo caen dos pulgadas de lluvia por año. Pero pese al nombre, Death Valley no está deshabitado: gatos monteses, coyotes, zorros, conejos, lagartos y ovejas Bighorn viven allí. Unos pájaros, los correcaminos, van apurados a todos lados. Entre sus plantas están los cactos y el pino de piñas con púas.

EL INTERIOR DEL SUR

El interior del sur de California es otra área agrícola-ganadera. San Bernardino, una cuenca lechera, tiene más vacas que ningún otro condado de Estados Unidos. El condado Imperial es el mayor productor de heno. Riverside es un importante productor de huevos.

Bakersfield es una enorme región petrolera. Cerca, en Taft, está el Museo del Petróleo West Kern, donde se exhiben objetos y se explica la extracción y los usos del petróleo.

Al sureste de Taft, en el Yoshua Tree National Monument (Monumento Nacional del Árbol Yoshua), crecen los árboles Yoshua; una especie de yuca.

Al sur de ellos está el mar de Salton: un buen sitio para acabar de recorrer California. Es un lago salado poco profundo. De 1905 a 1907, el río Colorado se desbordó e inundó esa área baja. Sus aguas, al mezclarse con las sales del suelo, formaron el mar de Salton, donde los turistas pasean en bote y pescan.

Al este, en Salton Sea National Wildlife Refuge (Reserva Natural del Mar de Salton) viven cientos de especies de pájaros, como pelícanos y halcones peregrinos, los pájaros que vuelan más rápido en el mundo. Suelen hacerlo a 220 millas (354 kms.) por hora.

Izquierda: Un árbol Yoshua, en el Monumento Nacional del Árbol Yoshua Derecha: Una niña estampando huellas en las dunas de arena del Monumento Nacional de Death Valley .

45

Galería de californianos famosos

GALERÍA DE CALIFORNIANOS FAMOSOS

Padre Junípero Serra

Luther Burbank

En California nació gente muy famosa, incluyendo líderes de los indígenas, estrellas de cine, presidentes de los Estados Unidos, escritores y atletas de renombre.

Junípero Serra (1713-1784) nació en España y enseñó en la Universidad de Mallorca. Llegó al Nuevo Mundo en 1749, y fundó nueve misiones en California.

Capitán Jack (1837-1873) nació en el límite entre California y Oregón. De origen Modoc, su nombre indígena era **Kintpuash**. El gobierno de Estados Unidos decidió expulsar a los Modoc y éstos resistieron en la Guerra Modoc (1872-1873). Comandados por el Capitán Jack, cincuenta guerreros Modoc se escondieron en los cauces de lava y durante meses rechazaron a mil soldados de los Estados Unidos. Por fin, el ejército los bombardeó y logró sacarlos de los cauces de lava. El Capitán Jack fue ahorcado y su gente enviada a la reservación de Oklahoma.

Luther Burbank (1829-1926) llegó a California muy joven. Fue el horticultor que creara la margarita Shasta y la melocotela, una fruta mezcla de melocotón y ciruela.

Izquierda: Dianne Feinstein.
Derecha: Ronald y Nancy Reagan

George Smith Patton, Jr. (1885-1945) nació en San Gabriel y llegó a ser general del ejército. Conocido por su dureza, Patton era apodado "El viejo Sangre y Agallas". Fue comandante de tanques durante la Segunda Guerra Mundial.

Richard Nixon nació en 1913 en Yorba Linda, se graduó en la universidad californiana de Whittier y en 1946 fue elegido miembro del Congreso. Fue vicepresidente de 1953 a 1961, y desde 1969 a 1974, presidente de los Estados Unidos. Nixon sacó al país de la guerra con Vietnam y mejoró las relaciones diplomáticas con Rusia y China. Habiendo ocultado el espionaje político cometido por algunos de sus colaboradores, conocido como "el escándalo del Watergate", tuvo que renunciar a la presidencia.

Ronald Reagan nació en Illinois en 1911 y fue un actor de Hollywood. Fue gobernador de California en 1966, y presidente de los Estados Unidos de 1981 a 1988.

Thomas Bradley nació en Texas en 1917. Más tarde se mudó a Los Ángeles; trabajó de policía y abogado y en 1973 fue el primer alcalde negro elegido en la ciudad. En 1992 ya había ocupado el cargo por casi veinte años.

Dianne Feinstein nació en San Francisco en 1933. Alcalde de San Francisco de 1978 a 1988, realizó grandes cambios en el centro de la ciudad.

César Chávez nació en Arizona en 1927. Siendo todavía niño, sus familiares perdieron su granja y tuvieron que convertirse en obreros rurales migratorios en California. Años después Chávez colaboró en la creación del Sindicato de Obreros Agrícolas, (United Farm Workers of America).

Ansel Adams (1902-1984) un gran fotógrafo, nació en San Francisco. Sus fotografías más famosas son las del Parque Nacional Yosemite.

Isadora Duncan (1878-1927) también nació en San Francisco. Fue una de las creadoras de la danza contemporánea.

General George Patton

Isadora Duncan

Muchas grandes estrellas de cine nacieron en el Estado Dorado. **Shirley Temple**, la estrella infantil más famosa de todos los tiempos, nació en Santa Mónica en 1928. Dos de sus películas fueron *El pequeño coronel* y *Capitán Enero*.

Cher nació en 1946, en El Centro. Obtuvo un "Oscar", el Premio de la Academia, por su actuación en la película *Moonstruck*.

Una de las estrellas más famosas del cine no es una persona; es el **Ratón Mickey**. Walt Disney lo creó en su estudio de Los Ángeles en 1928. El primer dibujo animado del Ratón Mickey fue *Willie, el barco a vapor*, presentado en 1928. Mickey luce hoy en día casi exactamente como cuando fuera creado.

California también nos ha dado grandes atletas: **James Corbett** (1866-1933), nació en San Francisco. "Jim el Caballeroso", un boxeador profesional, fue campeón de los pesos pesados desde 1892 hasta 1897.

Billie Jean King nació en Long Beach en 1943, fue una gran estrella del tenis. **O. J. Simpson** nació

Izquierda: James Corbett, apodado "Jim el Caballeroso" por sus buenos modales y su ropa a la moda.
Derecha: La estrella del tenis Billie Jean King.

en San Francisco en 1943. Fue la estrella profesional máxima de "football rushing" cuatro veces.

El nadador **Mark Spitz** nació en Modesto en 1950. Ganó siete medallas de oro en los Juegos Olímpicos de Verano de 1972; ningún otro estadounidense ganó tantas en una olimpíada. **Kristi Yamaguchi** nació en Fremont en 1971. Patina sobre hielo desde los seis años y, en 1992, ganó una medalla de oro de patinaje artístico en las olimpíadas.

Dos lanzadores de la Galería de la Fama del béisbol son californianos. **Don Drysdale** nació en Van Nuys en 1936; lanzó seis blanqueadas seguidas en 1968. **Tom Seaver** nació en Fresno en 1944; una vez ganó diez bateos seguidos.

O. J. Simpson

Kristi Yamaguchi

51

Ted Williams
Jack London

Dos grandes golpeadores de la Galería de la Fama del béisbol son californianos: **Joe DiMaggio** nació en Martínez, en 1914. En 1941 logró hacer un golpe en cincuenta y seis juegos seguidos. Nadie consiguió siquiera acercarse a esa marca desde entonces. **Ted Williams** nació en San Diego en 1918. Obtuvo el mejor promedio de bateo en seis años distintos y, en 1941, ¡hizo 406! El estado mayor productor de fresas del país, produjo también a **Daniel Strawberry** (fresa). Nacido en Los Ángeles en 1962, es uno de los mejores jonroneros del país.

John Steinbeck (1902-1968), un gran escritor californiano, nació en Salinas. Steinbeck recibió el Premio Pulitzer en 1940 por su novela más famosa, *Las uvas de la ira*, sobre una familia que se muda a California. **Jack London** (1876-1916), otro autor, nació en San Francisco. Dos de sus novelas más leídas son sobre perros: *Colmillo blanco* y *El llamado de la selva*. **Arnold Lobel** (1933-1987) fue un escritor e ilustrador de libros para niños, nacido en Los Ángeles. Lobel ganó la Medalla Caldecott en 1981 por las ilustraciones que hizo para el libro *Fábulas*. Entre sus otros libros están *La rana y el sapo se hacen amigos* y *Cuentos del ratón*.

Sally Ride fue tan lejos, que salió de la tierra. Ride nació en Encino, en 1951. Fue la primer mujer

La astronauta Sally Ride fue la primer mujer estadounidense que viajó al espacio exterior.

astronauta estadounidense. En 1983, voló al espacio en la nave espacial *Challenger*.

Cuna de Sally Ride, Joe DiMaggio, Capitán Jack, Luther Burbank y Shirley Temple . . .

Hogar de los árboles más grandes, altos y viejos de la tierra . . .

El lugar donde están Disneylandia, el Parque Nacional Yosemite, el Valle de la Muerte y Hollywood . . .

El estado más poblado, y el primero en industrias manufactureras y agrícolo-ganaderas . . .

¡Todo esto es California, el Estado Dorado!

¿Sabías que . . . ?

Lombard Street es una calle de San Francisco. Es la más retorcida y empinada de los Estados Unidos.

En Estados Unidos hay 195 ciudades de más de 100.000 habitantes. Cuarenta y tres de ellas están en California.

Edgar Rice Burroughs, autor de los libros de Tarzán, vivió en California. Tarzana, un suburbio de Los Ángeles, fue nombrado por el famoso personaje de Burroughs.

Hay más de cien elementos químicos, como el oxígeno, helio, oro y plata. El californium es el único que recibió el nombre de un estado. Fue descubierto en la Universidad de California en Berkeley, en 1950.

En California algunos nombres de lugares son muy sabrosos; como las Chocolate Mountains y las ciudades de Apple Valley, Cherry Valley, Lemon Grove, Honeydew, Orange, Peanut, Pumpkin Center, Raisin, Rice y Strawberry.

El mapa más grande del mundo está en la Base Aérea Hamilton, en Novato, California. Este mapa de California mide 45 por 18 pies (12,50 x 5,40 metros) y pesa 86.000 libras (39.000 kilos).

En 1937; cuando cumplió nueve años, Shirley Temple era la actriz de cine más popular del mundo. Recibió 135.000 regalos; entre ellos cientos de muñecas y un bebé canguro.

Una falla es una grieta en la corteza terrestre. Las placas rocosas se unen en la línea agrietada; pero cuando se deslizan ocurre un terremoto. La Falla de San Andrés, la más peligrosa de California, corre del norte del estado hasta el límite con México

Otras ciudades californianas con nombres poco comunes son: Cool, Fallen Leaf, Rainbow, Volcano y Weed Patch.

55

Informaciones sobre California

Bandera del estado

Amapolas doradas

Superficie: 158.693 millas cuadradas (255.337 kms.²) es el tercer estado más grande del país

Distancia máxima de norte a sur: 646 millas (1.039,41 kilómetros)

Distancia máxima de este a oeste: 560 millas (901 kilómetros)

Límites: Oregón al norte; Nevada y Arizona al este; México al sur; el océano Pacífico al oeste

Altura máxima: Monte Whitney, 14.494 pies (4.348 metros) sobre el nivel del mar

Punto más bajo: 282 pies (84,60 metros) bajo el nivel del mar; en Death Valley

Temperatura máxima registrada: 134°F (en Death Valley, el 10 de julio de 1913)

Temperatura mínima registrada: -45° (En Boca, en la Sierra Nevada, el 20 de enero de 1937)

Estado: Trigésimo primero, desde el 9 de septiembre de 1850

Origen del nombre: *California* era el nombre de una isla mítica, llena de tesoros, en un cuento español de principios del siglo XV

Capital: Sacramento

Condados: 58

Representantes en el Congreso de Estados Unidos: 52 (en 1992)

Senadores estatales: 40

Miembros de la Asamblea del Estado: 80

Canción del estado: "Te amo, California," de F. B. Silverwood (letra) y A.F. Frankenstein (música)

Lema del estado: *Eureka* (en griego: "Lo he hallado")

Apodo: El Estado Dorado

Sello del estado: Adoptado en 1849

Bandera del estado: Adopt. 1911

Flor del estado: Amapola dorada

Pájaro del estado: Codorniz de los valles de California.

Insecto del estado: Mariposa "Dog-face"

Pez del estado: Trucha dorada

Mineral del estado: Oro

56

Árbol del estado: Secoya rojo de California.

Animal del estado: Oso gris de California.

Mamífero marino del estado: Ballena gris de California.

Fósil del estado: Tigre de colmillos de sable.

Algunos ríos: Sacramento, San Joaquín, Colorado, American, Feather, Klamath, Trinity, Russian.

Algunas cadenas montañosas: Sierra Nevada, Cascade, Klamath, Panamint, San Bernardino.

Principales desiertos: Mojave, Colorado, Death Valley.

Fauna silvestre: Ballenas, focas, ciervos, osos, alces, zorros, gatos monteses, leones de montaña, coyotes, lagartos, serpientes de cascabel, ovejas bighorn, tortugas del desierto, codornices de los valles de California, águilas, patos, gansos, correcaminos, golondrinas y muchas otras clases de pájaros.

Algunos productos industriales: Aviones, naves espaciales y otros equipos de transporte, computadoras y materiales electrónicos, alimentos, vinos, instrumentos médicos, instrumentos musicales, joyas, juguetes, artículos deportivos, ropa, muebles, papel, libros, jabón, pinturas, platería, petróleo refinado.

Algunos productos agrícolo-ganaderos: Leche, ganado, caballos, pavos, pollos, ovejas, algodón, arroz, huevos, uvas, fresas, naranjas, limones, almendras, lechuga, sandías, remolachas, ciruelas, zanahorias, tomates, aguacates y otras frutas y verduras.

Algunos productos mineros: Petróleo, arena y gravilla, gas natural, oro, borón, tungsteno y gypsum.

Algunos productos pesqueros: Atún, salmón, arenque, pez espada, langostinos y cangrejos.

Población: 29.760.021, el estado más poblado del país (Cifra provista por el Censo de 1990).

Ciudades principales (de acuerdo al Censo de 1990)**:**

Los Ángeles	3.485.398	Oakland	372.242
San Diego	1.110.549	Sacramento	369.365
San José	782.248	Fresno	354.202
San Francisco	723.959	Santa Ana	293.742
Long Beach	429.433	Anaheim	266.406

Secoya rojo de California.

Codorniz de los valles de California.

Historia de California

10.000 años antes de Cristo—Los primitivos pobladores ya vivían en California.

1542—Juan Rodríguez Cabrillo explora las costas de California para España.

1579—Sir Francis Drake, de Inglaterra, explora California.

1769—Los españoles Gaspar de Portolá y Padre Junípero Serra fundan San Diego, el primer asentamiento europeo en California.

1776—Se funda San Francisco

1781—Se funda Los Ángeles

1812—Los rusos construyen Rossiya (Fort Ross)

1821—México se independiza de España

1822—California queda bajo el dominio de México

1834—El sistema de las misiones es separado de la iglesia católica

1841—La primera gran caravana de carretas de estadounidenses llega a California

1846—En la Revuelta de la Bandera del Oso, los estadounidenses toman Sonoma y proclaman la República de California

1848—Los estadounidenses ganan la Guerra contra México; California pasa a ser parte de los Estados Unidos; James Marshall descubre oro en el aserradero de Sutter.

1849—Los "cuarentanueveros" llegan a California atraídos por la fiebre del oro

1850—El 9 de septiembre, California se convierte en el trigésimo primer estado

1854—Sacramento es nombrada capital permanente del estado

1860—El Pony Express une a California con el este del país

1861—El telégrafo llega a California

1869—El ferrocarril conecta a California con el este del país

1892—Se encuentra petróleo en Los Ángeles

1905-1907—Una inundación causada por el desborde del Río Colorado crea el Mar de Salton

En las Jornadas de Historia Viva en Sutter's Fort State Historic Park, Sacramento, se enseña cómo vivían antes los californianos.

1906—Cerca de 700 personas mueren en el Gran Terremoto e Incendio de San Francisco

1913—Se termina el Acueducto de Los Ángeles

1917-1918—20.000 californianos van a servir su país cuando los Estados Unidos entran en la Primera Guerra Mundial.

1929-1939—Durante la Gran Depresión, unas 365.000 personas se mudan a California

1933—Cerca de 120 personas mueren en el terremoto de Long Beach

1941-1945—750.000 californianos sirven a su país en la Segunda Guerra Mundial

1945—En San Francisco se crean las U. N. (Naciones Unidas)

1947—Se termina el telescopio gigante del Observatorio Palomar

1953—Nombran a Earl Warren, gobernador de California, Presidente de la Suprema Corte de Justicia de Estados Unidos

1955—Disneylandia abre sus puertas en Anaheim

1963—California se convierte en el estado más poblado del país

1969—Richard Nixon, de California, es elegido trigésimo séptimo presidente de los Estados Unidos

1971—Sesenta y cinco personas mueren en un terremoto que sacude a Los Ángeles

1981—Ronald Reagan es elegido cuadragésimo presidente de los Estados Unidos

1989—Un terremoto en el área de la bahía de San Francisco mata sesenta y siete personas y causa $ 6 billones de daños

1990—La población de California llega a los 29.760.021 personas

1991—Un incendio en Oakland mata a 25 personas y destruye 3.500 casas; el video de un aficionado mostrando cuatro policías blancos golpeando a un motociclista negro asombra al país

1992—Mueren más de 40 personas y la mayor parte de Los Ángeles Sur-Central es destruído por incendios al estallar revueltas populares; provocadas por el indulto de cargos de los policías involucrados en el caso de Rodney King; dos terremotos, uno el más fuerte en cuarenta años, sacuden el sur de California

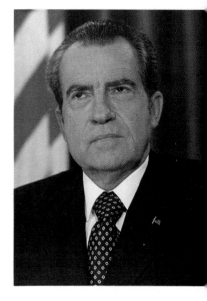

Richard Nixon fue presidente de los Estados Unidos de 1969 a 1974

GUÍA DEL MAPA

GLOSARIO

acueducto: Un canal artificial construído para transportar agua de un lado a otro

antiguo: Relativo a tiempos históricos pasados

astronauta: Una persona que es entrenada especialmente para vuelos espaciales

billón: Mil millones (1.000.000.000)

capital: Ciudad donde está domiciliado el gobierno

capitolio: Edificio donde se reúne el gobierno

clima: El tiempo típico de una región

condado: La mayor subdivisión gubernamental de un estado; sus funcionarios públicos son elegidos

costa: Tierra junto a una gran extensión de agua

cuarentanuevero: Persona que vino a California durante la fiebre del oro de 1849

desierto: Área donde casi nunca llueve

dinosaurios: Enormes animales que desaparecieron hace millones de años

explorador: Persona que visita y estudia tierras desconocidas

fósil: Restos de un animal o planta que vivieron hace mucho tiempo y se han transformado en rocas

industria: Tipo de negocio que emplea muchos obreros para crear productos

interior: Adentro; un área tierra adentro, lejos de la costa del mar

lava: Roca hirviente que se funde y es arrojada por un volcán

mamuts y mastodontes: Animales prehistóricos bastante parecidos a los elefantes de hoy en día

manufacturar: Elaborar productos

millón: Mil veces mil (1.000.000)

misión: Asentamiento cerca de una iglesia católica, fundado para cristianizar a los indígenas

obrero rural migratorio: Trabajador que va de plantación en plantación recogiendo las cosechas

población: Número de personas que viven en un lugar

presidio: Un tipo de fuerte construído por los españoles

pueblo: Un tipo de población española

refugio de fauna silvestre: Lugar donde los animales salvajes son protegidos

reservación (de americanos nativos): Territorio de los Estados Unidos reservado para el uso exclusivo de los americanos nativos

sandalia: Tipo de calzado sujetado por tiras de cuero

sequía: Período durante el cual llueve mucho menos de lo normal

sindicato: Grupo que lucha por los derechos de los obreros

telescopio: Instrumento que permite ver más cercanos los objetos que están a gran distancia

universo: Todo el espacio y lo que contiene

volcán: Montaña que arroja lava y otros materiales

yuca: Tipo de arbusto o árbol que crece en el suroeste; incluyendo el árbol de Joshua

ÍNDICE ALFABÉTICO

Los números de página en tipografía negrita indican las ilustraciones.

ACERCA DEL AUTOR:

Dennis Brindell Fradin es autor de 150 libros para niños. Entre los que hizo para Childrens Press figuran los de las series: "Young People's Stories of Our States", ("Nuestros estados contados a los niños"), "Disaster!" ("¡Desastres!"), y "Thirteen Colonies" ("Las trece colonias"). Dennis está casado con Judith Bloom Fradin, quien fuera maestra de inglés en escuelas y universidades, antes de convertirse en la principal recopiladora de informaciones para los libros de Dennis. Los Fradin tienen dos hijos, Anthony y Michael, y una hija, Diana. Dennis se graduó en Letras en 1967, en la Universidad de Northwestern, y desde entonces vive en Evaston, Illinois.